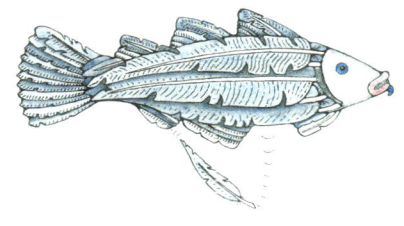

Jedes Bild mit einem Satz beschreiben.

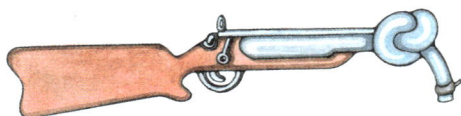

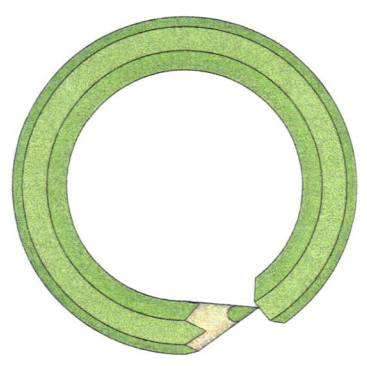

Jedes Bild mit einem Satz beschreiben.

Jedes Bild mit einem Satz beschreiben.

www.jandorfverlag.de

Jedes Bild mit einem Satz beschreiben.

www.jandorfverlag.de

Jedes Bild mit einem Satz beschreiben.

_____

_____

_____

_____

_____

_____

_____

_____

_____

Jedes Bild mit einem Satz beschreiben.

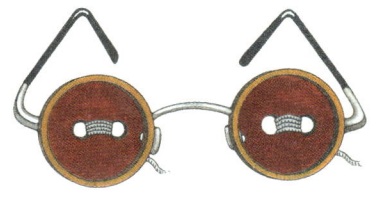

Jedes Bild mit einem Satz beschreiben.

www.jandorfverlag.de

Jedes Bild mit einem Satz beschreiben.

Jedes Bild mit einem Satz beschreiben.

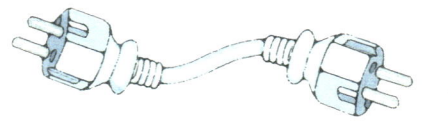

Jedes Bild mit einem Satz beschreiben.

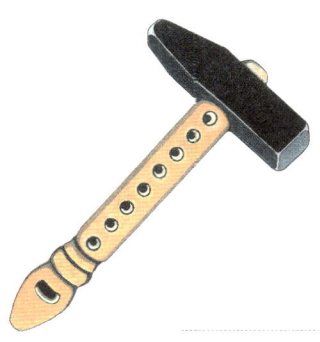

Jedes Bild mit einem Satz beschreiben.

Einen Text mit Überschrift zu dem Bild verfassen.

Einen Text mit Überschrift zu dem Bild verfassen.

www.jandorfverlag.de

Einen Text mit Überschrift zu dem Bild verfassen.

Einen Text mit Überschrift zu dem Bild verfassen.

Einen Text mit Überschrift zu dem Bild verfassen.

Einen Text mit Überschrift zu dem Bild verfassen.

Einen Text mit Überschrift zu dem Bild verfassen.

www.jandorfverlag.de

Einen Text mit Überschrift zu dem Bild verfassen.

Einen Text mit Überschrift zu dem Bild verfassen.

www.jandorfverlag.de

Einen Text mit Überschrift zu dem Bild verfassen.

Einen Text mit Überschrift zu dem Bild verfassen.

www.jandorfverlag.de

Einen Text mit Überschrift zu dem Bild verfassen.

www.jandorfverlag.de

Einen Text mit Überschrift zu dem Bild verfassen.

www.jandorfverlag.de

Einen Text mit Überschrift zu dem Bild verfassen.

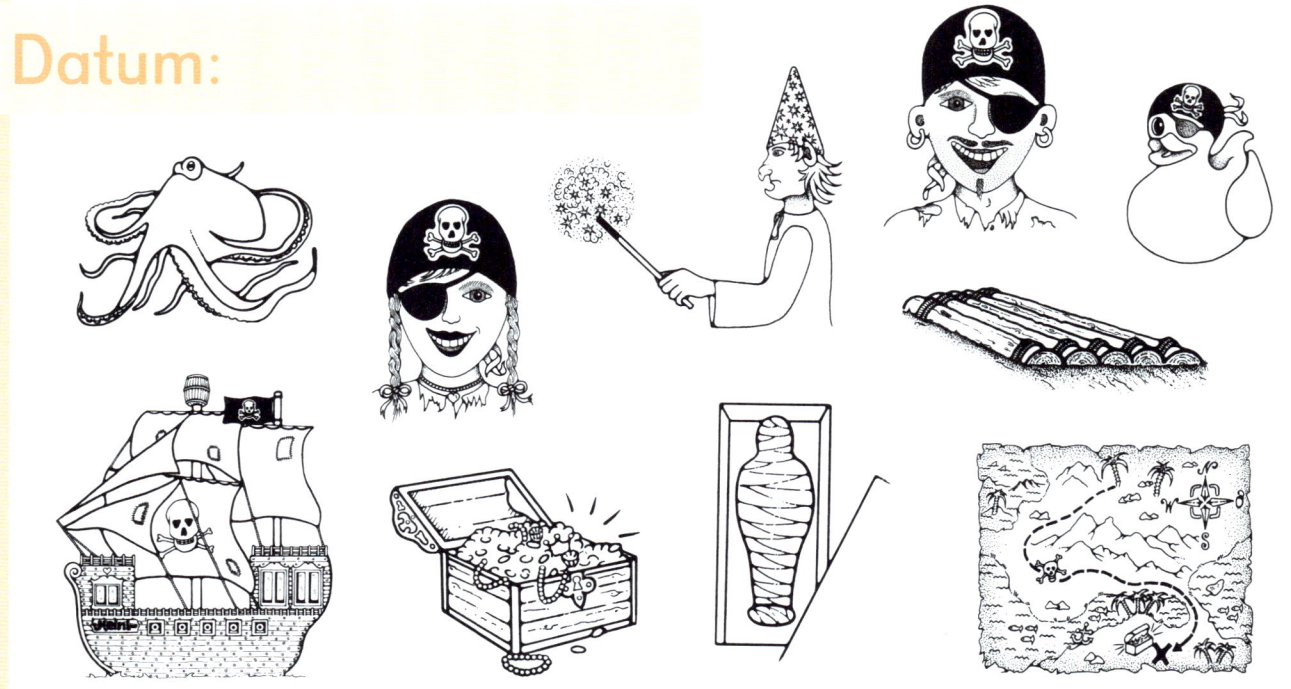

Einen Text mit Überschrift zu mehreren Bildern verfassen. Verwendete Bilder ausmalen.

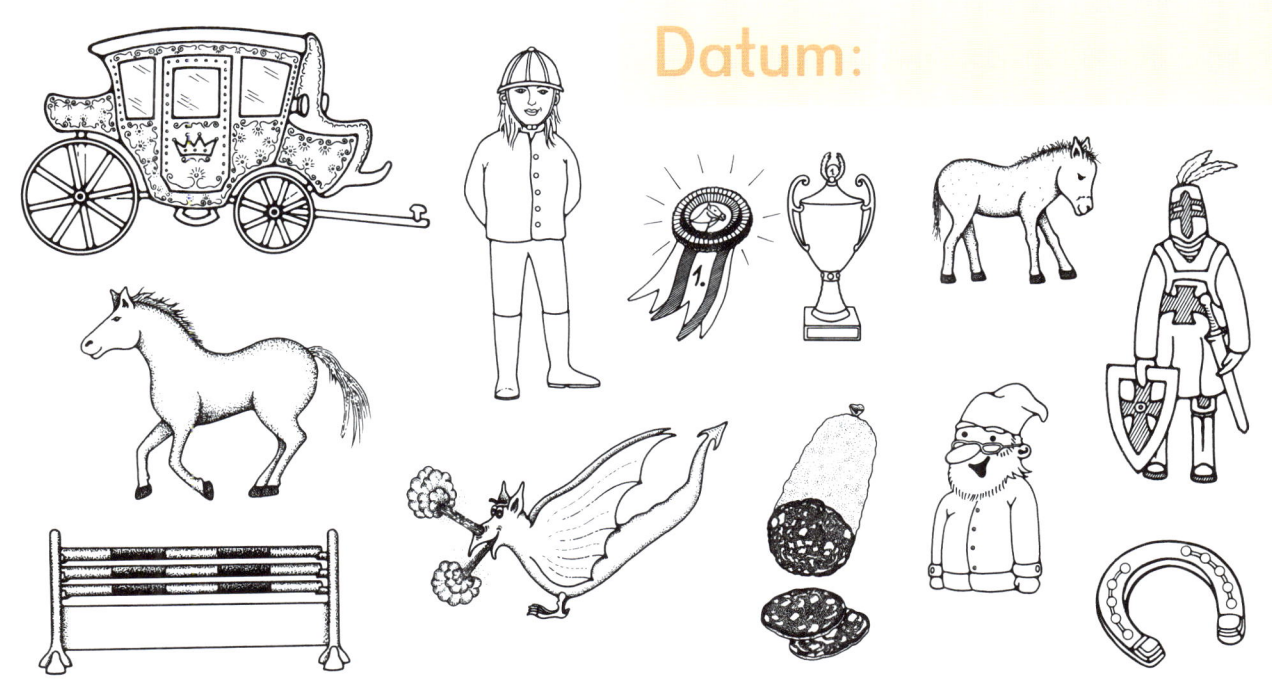

Einen Text mit Überschrift zu mehreren Bildern verfassen. Verwendete Bilder ausmalen.

Einen Text mit Überschrift zu mehreren Bildern verfassen. Verwendete Bilder ausmalen.

Einen Text mit Überschrift zu mehreren Bildern verfassen. Verwendete Bilder ausmalen.

www.jandorfverlag.de

Einen Text mit Überschrift zu mehreren Bildern verfassen. Verwendete Bilder ausmalen.

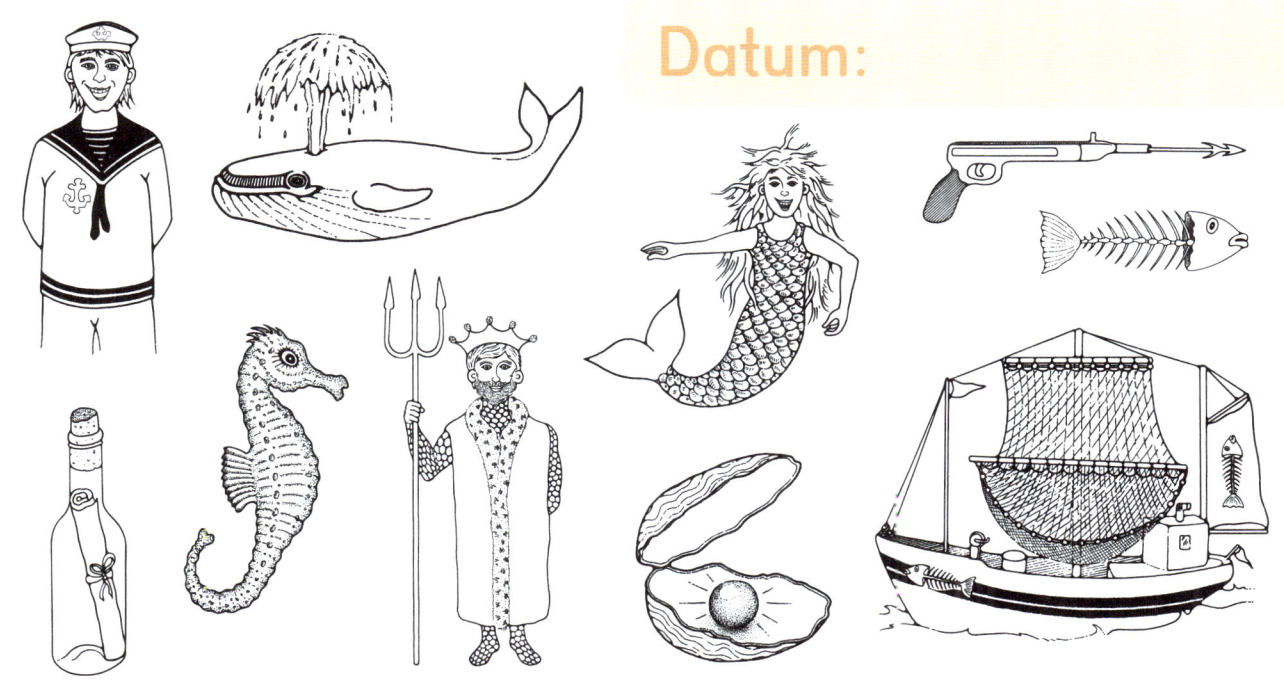

Einen Text mit Überschrift zu mehreren Bildern verfassen. Verwendete Bilder ausmalen.

www.jandorfverlag.de

Geburtstag

Einen Text zu der Überschrift verfassen. Den Text illustrieren.

www.jandorfverlag.de

Datum:

Im Wunderland

Einen Text zu der Überschrift verfassen. Den Text illustrieren.

www.jandorfverlag.de

Die komische Maschine

Einen Text zu der Überschrift verfassen. Den Text illustrieren.

Streit

Einen Text zu der Überschrift verfassen. Den Text illustrieren.

Mein Traum

Einen Text zu der Überschrift verfassen. Den Text illustrieren.

Datum:

Das große Fest

Einen Text zu der Überschrift verfassen. Den Text illustrieren.

Einen Text mit Überschrift zu den 3 Bildern verfassen („Reizwörtergeschichte").

www.jandorfverlag.de

Einen Text mit Überschrift zu den 3 Bildern verfassen („Reizwörtergeschichte").

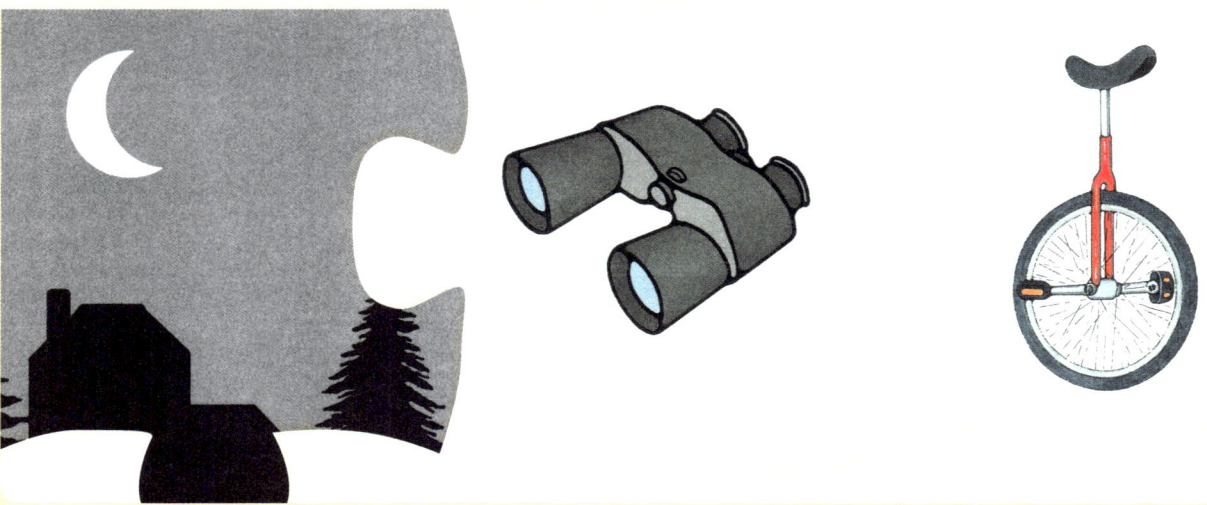

Einen Text mit Überschrift zu den 3 Bildern verfassen („Reizwörtergeschichte").

 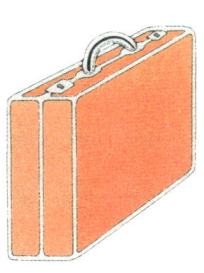 

Einen Text mit Überschrift zu den 3 Bildern verfassen („Reizwörtergeschichte").

www.jandorfverlag.de

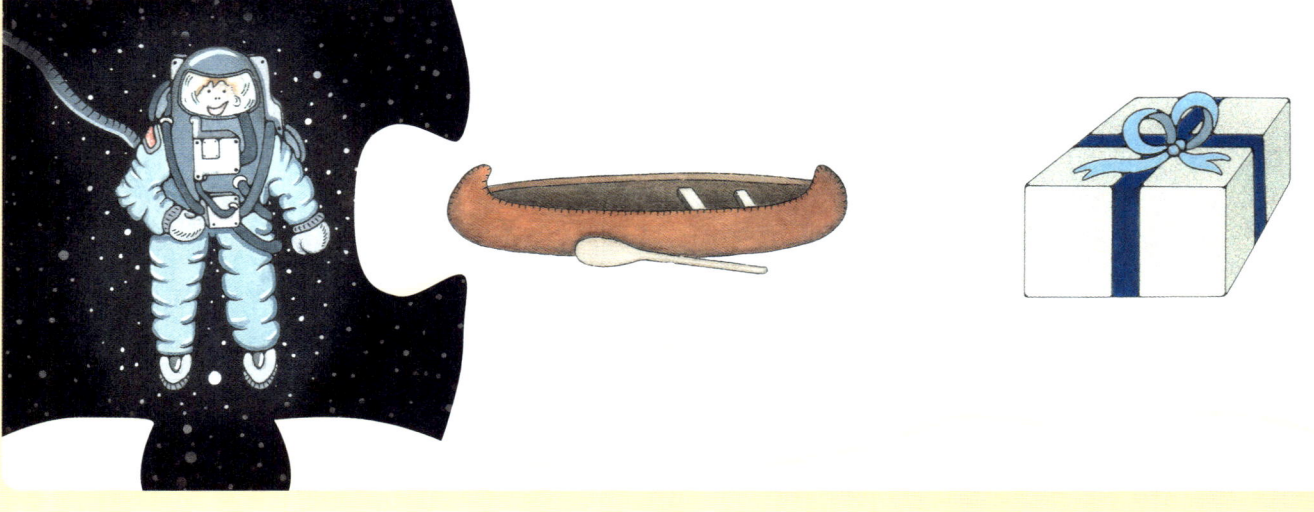

Einen Text mit Überschrift zu den 3 Bildern verfassen („Reizwörtergeschichte").

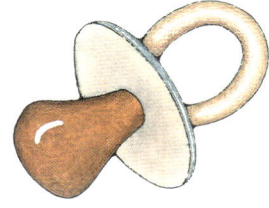

Einen Text mit Überschrift zu den 3 Bildern verfassen („Reizwörtergeschichte").

www.jandorfverlag.de

Einen freien Text mit Überschrift verfassen. Den Text illustrieren.

www.jandorfverlag.de

Datum:

Einen freien Text mit Überschrift verfassen. Den Text illustrieren.

Datum:

Einen freien Text mit Überschrift verfassen. Den Text illustrieren.

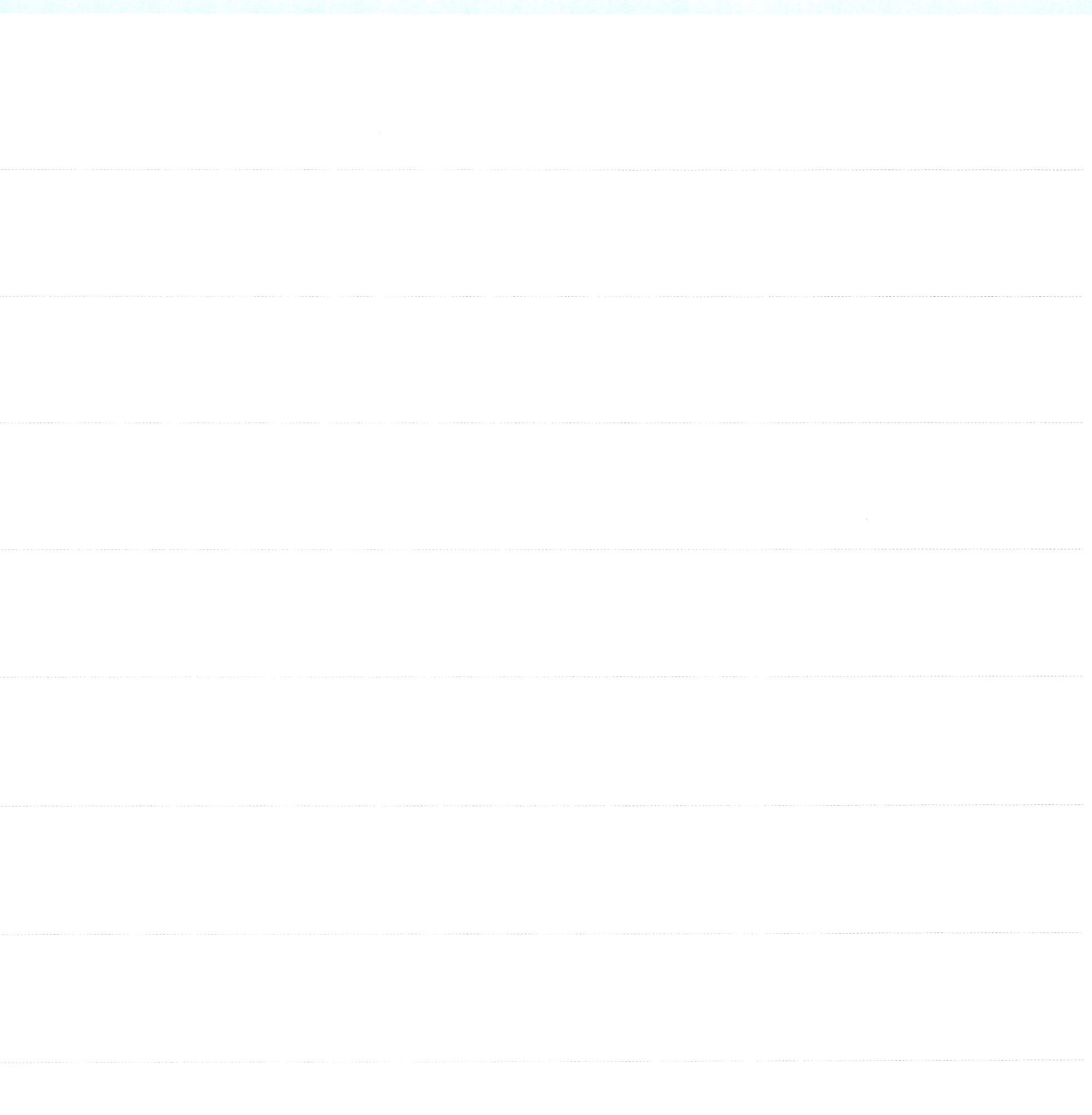

Einen freien Text mit Überschrift verfassen. Den Text illustrieren.

www.jandorfverlag.de

Datum:

Einen freien Text mit Überschrift verfassen. Den Text illustrieren.

www.jandorfverlag.de

Einen freien Text mit Überschrift verfassen. Den Text illustrieren.

Einen freien Text mit Überschrift verfassen. Den Text illustrieren.

www.jandorfverlag.de

Einen freien Text mit Überschrift verfassen. Den Text illustrieren.

Einen freien Text mit Überschrift verfassen. Den Text illustrieren.

www.jandorfverlag.de

Datum:

Einen freien Text mit Überschrift verfassen. Den Text illustrieren.

Einen freien Text mit Überschrift verfassen. Den Text illustrieren.

www.jandorfverlag.de

Einen freien Text mit Überschrift verfassen. Den Text illustrieren.

Einen freien Text mit Überschrift verfassen. Den Text illustrieren.